Los hijos *de la* Tierra *y el* Cielo

Laura Clark

Los hijos de la Tierra y el Cielo

Tierra y el Cielo

Cinco narraciones de niños nativos de la América del Norte
Escrito por Stephen Krensky
Ilustrado por James Watling
Traducido por Teresa Mlawer

SCHOLASTIC INC.
New York   Toronto   London   Auckland   Sydney

Para Joan
— S.K.

Para Liza Dee
— J.W.

Original title: *Children of the Earth and Sky*

ISBN 0-590-46861-8

12 11 10 9 8 7 6 5 4 3 2 1   3 4 5 6 7 8/9
Printed in the U.S.A.   09

First Scholastic printing, November 1993
Original edition: November 1991

Introducción

Durante miles de años, los únicos habitantes de la América del Norte fueron los americanos nativos. Sus antepasados habían cruzado un puente natural que unía a Siberia con Alaska. Habitaron estas tierras mucho antes de que llegaran los europeos.

A los americanos nativos no se les conocía con el nombre de indios. En 1492, el explorador Cristóbal Colón les dio este nombre pensando, equivocadamente, que había llegado a la India.

En realidad, los americanos nativos no eran conocidos por ningún nombre en particular, ya que no formaban parte de un grupo, sino de muchos grupos o tribus, esparcidos por todo el continente.

Estas tribus vivían en todas partes—en los bosques, en los desiertos, en las llanuras y cerca del mar. Algunas tribus se establecieron permanentemente en un lugar y otras estaban en constante movimiento. Cazaban, pescaban o cultivaban su alimento. Construían sus casas de madera, piedra, piel de búfalo o barro de adobe, según el lugar donde vivían.

Aunque existían diferencias entre las tribus, los niños compartían algunas cosas en común. Comenzaban a ayudar a sus familias a una temprana edad, y una gran parte del día la dedicaban al trabajo, a aprender y a jugar.

Los niños en este libro son imaginarios, pero su mundo fue real, como también son reales las tribus de los hopis, los comanches, los mohicanos, los navajos y los mandan. Las historias que aparecen a continuación demuestran la magnitud y diversidad de la vida y costumbres de los americanos nativos. Tienen lugar alrededor de doscientos años atrás, cuando aún una gran parte del territorio de la América del Norte era prácticamente sólo de ellos.

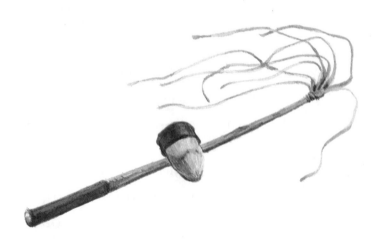

Un alfarero hopi

Era un día demasiado caluroso para estar excavando barro. Luna Llena se cubrió los ojos, protegiéndose del sol, mientras caminaba hacia los riscos. El cultivo que crecía en las tierras de los alrededores parecía marchito. Hacía falta que lloviera.

Los últimos días del verano eran siempre muy calurosos en la meseta. Pero en este verano, apenas si había llovido. Luna Llena no recordaba un verano más caluroso. Y ella tenía ya nueve veranos.

Era fácil obtener el barro. Luna Llena lo sacaba de entre las capas de piedras antiguas. Otros niños realizaban la

7

misma labor, pero Luna Llena se mantenía alejada. Su mamá y su abuela la estaban esperando.

Era lamentable que no pudieran comer barro. Luna Llena sabía que la reserva de maíz estaba muy escasa. Esa noche tendrían una ceremonia para pedirle a los *kachinas*, los dioses de los hopis, que enviaran lluvia.

Una vez que Luna Llena hubo recogido suficiente barro, regresó a su casa en el pueblo. Allí vivían cerca de doscientas personas. Las casas estaban hechas de gruesas planchas de arenisca, cubiertas con una mezcla de barro, agua y arena. Las paredes tenían una altura de siete pies y eran tan anchas como el largo de su brazo. Habían permanecido en pie por cientos de años.

Luna Llena subió las escaleras hasta el segundo piso. Su

abuela estaba sentada cerca de la lumbre. Estaba preparando la masa para *piki*, un pan muy fino hecho de maíz.

Su mamá estaba sentada cerca de la piedra de moler. Ayudó a Luna Llena a mezclar el nuevo barro con arena y roca molida, y lo amasaron con sus propias manos.

Luna Llena comenzó a hacer su vasija. Primero, moldeó la arcilla hasta lograr una superficie redonda y plana que sería la base del recipiente. Después tomó más arcilla y la empezó a frotar con sus manos. Ésta era la mejor parte. Le gustaba sentir la arcilla suave y como ésta se hacía cada vez más fina y delgada con el movimiento de sus manos.

Cuando hubo amasado suficiente arcilla, comenzó a colocarla alrededor de la base, dándole vueltas hasta que poco a poco se fue haciendo cada vez más alta. Cuando la vasija

tuvo la suficiente altura, alisó los contornos con un pedazo de calabaza seca.

La abuela comenzó a freír el *piki*. Vertió una capa fina de la masa sobre la plancha de piedra caliente, moviendo sus manos rápidamente para evitar quemarse.

La masa se cocía rápidamente. Luna Llena se sonrió pensando lo mucho que le gustaba a sus hermanos ese olor. Pero hoy no habría *piki* para ellos; habían salido a cazar liebres con su papá.

Mientras la arcilla se secaba, Luna Llena comió con su mamá y su abuela. Se chupó los labios al morder el delicioso *piki*. Nadie lo hacía como su abuela. Era muy hábil en la cocina. Sabía cocinar el maíz de tantas maneras diferentes que ni siquiera Luna Llena se acordaba.

Después, Luna Llena y su mamá reanudaron su trabajo con la vasija ya seca. La frotaron con una mezcla de arcilla fina y agua, para rellenar las grietas. Según se iba endureciendo la mezcla, Luna Llena la pulía con una pequeña piedra. Era tan lisa como un pedazo de vidrio, pero lo suficientemente dura como para alisar bien las partes ásperas.

La frotó una y otra vez, hasta que se le lastimaron los dedos. Le mostró la vasija a su mamá para que comprobara que no tenía ninguna aspereza.

Por el momento, el trabajo estaba terminado. La arcilla necesitaba secarse un poco más. Mañana, Luna Llena la pintaría con un diseño de pájaros amarillos y negros. Una vez que la pintura estuviese seca, colocaría la vasija en el horno para endurecer la arcilla.

Luna Llena miró por la ventana hacia afuera. No vio señales ni de sus hermanos ni de su papá, pero estaba segura de que regresarían pronto. Durante la ceremonia que se

celebraría esa noche, algunos de los hombres, vestidos de *kachinas*, interpretarían danzas. Su papá era uno de los mejores bailarines en el pueblo. Si la actuación de él y de los otros hombres era buena, los espíritus de los verdaderos *kachinas* vendrían y se apoderarían de ellos. Entonces caería la lluvia.

Luna Llena suspiró. El Sol todavía calentaba intensamente. Tenía la esperanza de que los *kachinas* quedaran complacidos.

Un jinete comanche

Qué clara estaba la noche, pensó Lobo Veloz, mientras se mantenía alerta cuidando los caballos. La Luna estaba llena, y en ascenso. La noche oscura parecía cubierta con un manto de pequeñas luces. Eran viajeros, le habían contado a Lobo Veloz, que comenzaban su viaje con la puesta del sol.

Su caballo relinchó suavemente. El niño le acarició el costado. Habían estado juntos por tres veranos, desde que Lobo Veloz había tenido suficiente edad para montarlo a horcajadas. Se conocían bien uno al otro.

Para los comanches, los caballos eran muy importantes. Los hombres los utilizaban en las batallas y para cazar búfalos. Toda la tribu los utilizaba para transportar sus pertenencias cuando movían los campamentos de un lugar a otro.

Lobo Veloz se frotó el hombro lastimado. Se había caído cuando estaba aprendiendo a guiar su caballo usando sólo las rodillas. A todos los niños los enseñaban a montar así, y en el proceso, se caían muchas veces. Pero no importaban las caídas. Una vez que Lobo Veloz aprendiera, podría utilizar sus manos para sostener un arco o un escudo.

Lobo Veloz descansó el peso de su cuerpo de un pie al otro. Cuando la Luna estuviera en lo alto, su amigo Estrella Amarilla tomaría su lugar, pero mientras tanto tenía que continuar alerta. En tres años más, tendría que mantenerse despierto durante toda la noche.

Al otro extremo de la manada, se podía divisar la silueta de otro guardia. Lobo Veloz no lo llamó. Eran cuatro los niños que cuidaban la manada. No era un juego. Algunas tribus les robaban los caballos a otras. Los caballos eran muy valiosos. Algunas veces los cazadores se pasaban días y noches enteros en busca de caballos salvajes. Lobo Veloz y Estrella Amarilla deseaban que llegara el momento en que ellos también pudieran ir juntos a capturar caballos salvajes y a cazar búfalos.

De repente, se escuchó el ruido de una rama al partirse. Lobo Veloz sacó su cuchillo hecho de la costilla de un búfalo. Un búho ululó cerca.

Lobo Veloz se sonrió y guardó su cuchillo. Conocía bien a ese búho. . . . Era Nube de Tormenta. Por más que éste trataba, no lograba imitar bien el sonido del búho.

Nube de Tormenta sabía que los chicos tendrían hambre. La noche anterior, cuando él estuvo haciendo guardia, nadie se había acordado de traerle algo de comer. Sin embargo,

14

esta noche él había traído a sus amigos carne asada a la brasa. Le dio un trozo de carne a Lobo Veloz y se fue a buscar a los otros guardias.

Lobo Veloz comió apresuradamente, manteniendo su vista fija en la distancia. Sería lamentable que le robasen los caballos, mientras él se llenaba el estómago. Allá cerca en el campamento, las últimas fogatas se iban extinguiendo, convirtiendo las esquirlas de búfalo en cenizas. Lobo Veloz no pensaba en el *tipi* que estaría calentito, durmiendo bajo una manta. No le importaba el frío, ni siquiera estar solo.

Se mantuvo erguido en la oscuridad contemplando pasar la noche.

Un cazador mohicano

A la primera señal del día, Hoja Roja se despertó en la vivienda de su familia, en forma de cúpula, llamada *wigwam*. La armazón en forma de canoa, hecha de corteza de abedul, no había permitido que entrara la nieve durante la noche, pero no así el gélido viento. Hoja Roja no sentía frío, gracias a las capas de pieles que lo mantenían caliente.

Aun así, estaba deseoso de levantarse y poder salir a explorar. En los últimos días, su tribu había atravesado muchas colinas y valles. La caza no era lo suficientemente abundante para que pudieran permanecer en un mismo lugar durante todo el invierno. Todas las pertenencias de su familia—sus ropas, sus herramientas e incluso su vivienda—eran transportadas de un lugar a otro por él y sus padres.

Hoja Roja arrugó la nariz. Podía percibir el olor de la sopa de raíces que su mamá estaba cocinando afuera. Últimamente, la caza no había sido buena y había tenido que tomar sopa de raíces en muchas ocasiones. Aun así, era mejor que nada.

Después de comer, se adentró en el bosque. La nieve, recién caída, cubría la tierra como una corteza blanca. Llevaba su arco y flechas y un cuchillo hecho de diente de castor. También llevaba algunos restos de carne como carnada para trampas.

Hoja Roja había planeado ir de cacería con su amigo Zorro Pequeño, pero éste se había tenido que quedar a ayudar a sus padres a reparar su *wigwam*, que se había roto durante la noche, al caerle encima una rama cubierta de hielo.

Según se adentraba en el bosque, avanzaba lentamente y con dificultad. Su traje de piel de ante era pesado. Era más fácil cazar en el verano cuando no tenía que ponérselo.

Pero el invierno era divertido también. Cuando tenía tiempo, jugaba con sus amigos a la serpiente de nieve. Se turnaban para lanzar una vara, en forma de serpiente, por un trayecto nevado. El que lanzara la vara más lejos, ganaba. A veces, Hoja Roja lanzaba la vara con tanta fuerza que perdía el equilibrio y se caía.

Hoja Roja se detuvo de repente. Había muchas huellas de animales en la nieve. Quizás este sendero conducía al agua. Podría ser un buen lugar para tender una trampa.

Hoja Roja buscó alrededor. Arrastró la mitad de un leño que se había caído hacia el sendero. Era casi tan grande como él. Afiló los extremos de dos ramas, en forma de tenedor, con su cuchillo y las afianzó en la tierra. Colocó el leño sobre ellas y puso una carnada debajo. Cuando un

animal se acercara a comer, derribaría las ramas y el leño le caería encima. Hoja Roja regresaría más tarde por el animal.

De momento, Hoja Roja continuó su camino explorando. Cuando llegó al próximo claro, se detuvo en seco. Al otro lado de la pradera vio un venado.

Hoja Roja sacó una flecha y pasó sus dedos sobre las tres plumas alrededor de la lanza. Tendría que acercarse más, a dos pasos de un tiro de piedra, para poder acertar con una flecha. Su arco no era lo suficientemente fuerte para alcanzar al venado a tanta distancia.

Dio un paso adelante y la nieve crujió bajo sus pies.

El venado levantó la cabeza, se le quedó mirando por un instante, y siguió su camino.

Pequeño Zorro se le acercó corriendo. Lo había observado todo. —Nadie hubiera podido cazar ese venado —le dijo—. Era más astuto que un mapache y más veloz que el viento. Él y Hoja Roja ya cazarían otro venado.

Durante esa mañana, no encontraron otro venado. Al mediodía, emprendieron el camino de regreso al campamento. Era muy pronto para que pudieran encontrar una presa en la trampa. Volverían al próximo día. Ambos niños suspiraron sólo de pensar en la cena de nueces y la sopa de raíces que les esperaba.

Al llegar al campamento, se enteraron de la buena noticia: Tres de los mejores cazadores habían atrapado dos venados. Habría abundante comida para todos.

Y quizás, hasta tendrían tiempo para jugar a la serpiente de nieve.

Un tejedor navajo

De pie, en medio de una extensa planicie, Pequeño Cuervo contemplaba las hileras de peñascos que se alzaban como queriendo tocar el cielo. La mañana era clara y resplandeciente. Se sentía muy a gusto con su falda, su camisa y sus mocasines de piel de ante. Una pequeña brisa alisaba su cabello, partido al medio y recogido en un moño en la nuca.

Pequeño Cuervo podía ver a su hermano en la distancia. Él estaba ayudando a su papá a cuidar el rebaño de ovejas. La lana de las ovejas era muy apreciada; se utilizaba para hacer ropa y mantas. Toda la familia ayudaba a esquilar las ovejas, pero sólo las mujeres tejían.

Su mamá estaba preparando el telar en la ramada: un cobertizo cubierto con ramas y sostenido por cuatro postes en las esquinas. El telar estaba hecho de dos marcos verticales y dos horizontales que sostenían la armazón.

Pequeño Cuervo estaba contenta de que no tenían que tejer dentro de su *hogan*. El *hogan* era un tipo de vivienda que conservaba el calor, muy apropiada para dormir por las noches, pero era oscura y tenía poca ventilación. Sus paredes de leño estaban cubiertas con una capa de barro que no dejaba que penetrara mucho aire, y no había más aberturas que la puerta de entrada y el conducto del humo en el techo.

A Pequeño Cuervo le gustaba sentir el calor de sol en la cara. Se sentía feliz con la llegada de la primavera. Apenas un mes atrás, todavía estaban viviendo en el *hogan* de invierno. Su gente no vivía en un mismo pueblo durante todo el año. Las familias se trasladaban con el cambio de las estaciones, a diferentes *hogans*, siguiendo sus rebaños de ovejas.

Su mamá la llamó. Necesitaba la lana. Pequeño Cuervo entró en el oscuro *hogan*. Caminó suavemente sobre el liso piso de tierra, inclinando la cabeza para no tocar algunos ornamentos que colgaban de las vigas. Las bolas de lana estaban en una cesta, junto a un montón de ropa de cama enrollada contra la pared.

Pequeño Cuervo recogió la lana blanca y la marrón. Ella misma la había limpiado, alisando las hebras y desenredando todos los nudos. También había ayudado a hilarla.

Cuando regresó, su mamá ya estaba preparada para comenzar. Ella usaba una sola aguja—un palo de madera fino y liso de aproximadamente dos pies de largo. Lo pasó a través de un disco de madera del ancho de su mano. Su

mamá comenzó desde abajo. Sus dedos apenas se distinguían al mover el batán. El peine entraba en el hilo y salía rápidamente.

Pequeño Cuervo suspiró, preguntándose si algún día ella sería tan hábil.

Su mamá detuvo lo que estaba haciendo y le pidió que se acercara. Era su turno. Al comienzo, sus dedos eran un poco torpes. Tuvo que parar y comenzar varias veces. La lana se le enredaba y se le hacía nudos. Era difícil estar pendiente de tantas cosas a la vez.

Con paciencia, su mamá desenredó y alisó la lana. Le recordó a Pequeño Cuervo que en un tiempo ella también había tenido dificultad con los dedos, e igual le había sucedido a su abuela, y a su bisabuela.

Las horas pasaban rápidamente, mientras madre e hija trabajaban juntas. Tomaron un descanso al mediodía para comer el conejo asado que había quedado de la noche anterior. Pequeño Cuervo estaba tan entusiasmada que apenas si podía comer.

Cuando su hermano y su papá regresaron a la casa esa noche, Pequeño Cuervo les enseñó su labor; apenas si tenía el ancho de un dedo, pero les explicó, con detalles, el diseño a rayas que tenía planeado. Todavía faltaba mucho para que luciese como una manta, pero se sentía muy orgullosa del trabajo que había hecho.

Los hortelanos mandan

Cierva Moteada y su hermano más pequeño, Halcón Gris, caminaban juntos en dirección a su huerta, cercana al río. El Sol calentaba, pero el aire era fresco. La primavera llegaba siempre con retraso a las llanuras del norte.

Había sido una mañana muy atareada. Una niña que ya había vivido ocho inviernos, tenía muchas cosas que hacer. Cierva Moteada ya había ido por madera y agua, y había ayudado a su mamá a preparar la comida de la mañana. Su mamá comenzó a tejer una cesta, y ella se dedicó a cuidar a su hermanita pequeña. Cuando llegó la hora de ir al huerto, su mamá todavía estaba ocupada, así que Cierva Moteada colocó a su hermanita en la cuna de cartón que colgó en un árbol cercano.

A Cierva Moteada le encantaba trabajar en el huerto. Le encantaba sembrar y ver crecer los frutos. Halcón Gris también estaba contento. Llevaba su arco y flechas. Había estado practicando durante mucho tiempo. Nunca había dado en el blanco con una flecha, pero los pájaros no lo sabían. Él cuidaría las semillas, una vez que su hermana las hubiese plantado. Los pájaros no se las comerían.

Encontraron el huerto tal y como lo habían dejado. La tierra ya había sido cavada en hileras. Halcón Gris había rastreado la tierra con un cuerno de ciervo durante muchas horas. Cierva Moteada había excavado surcos utilizando un azadón hecho de un palo largo y del hueso de un hombro de búfalo. Ambos habían dejado caer restos de comida en la tierra para hacerla más fértil.

Por fin llegó el momento de plantar el maíz, la calabaza y los frijoles. Cierva Moteada se arrodilló con sus semillas. Con cuidado, hizo un hueco en la tierra usando un palo de punta afilada, moviéndolo de un lado a otro. Dejó caer una semilla y la cubrió.

Se oyó el graznido de un cuervo que estaba en un árbol cercano. Halcón Gris alzó su arco y se quedó mirándolo fijamente. El cuervo no se atrevió a acercarse.

Cuando Cierva Moteada terminó la sexta hilera, el sol ya estaba bien alto. Tanto ella como su hermano estaban hambrientos. Se sentaron a la sombra de un árbol a comer *pemmican*. Se hacía con carne de búfalo seca, triturada con bayas silvestres. Comían *pemmican* frecuentemente. No se dañaba ni había que cocinarla.

Desde el lugar donde estaban sentados, podían divisar bien su pueblo. Había sido construido en un risco bastante más alto que el río. El lugar había sido seleccionado con mucho cuidado. Desde los miradores podían observar si

alguien se aproximaba, y tener suficiente tiempo para prepararse en caso de que el enemigo se acercara.

Los niños también podían ver los huertos de las otras familias. Su tribu había cultivado toda la tierra cercana al río. Muchas tribus que vivían en las llanuras, tenían que moverse con frecuencia en busca de manadas de búfalos u otras piezas de caza. Los mandan, como cosechaban una gran parte de lo que comían, no tuvieron que dedicarse exclusivamente a la caza. Esto les permitió poder establecerse en un lugar y construir mayores y mejores viviendas. Sus tiendas eran redondas, con una anchura de cuarenta a sesenta pies y una altura de quince pies. Cada una estaba construida con fuertes postes y vigas transversales cubiertas con hierba, paja y barro.

Halcón Gris se puso de pie de un salto al posarse otros tres cuervos en el árbol. Alzó su arco y les gritó. Los cuervos agitaron sus alas y respondieron con un graznido.

Cierva Moteada se sonrió, y continuó su trabajo. Tenía muchas semillas que plantar antes de la puesta del sol, pero se sentía tranquila. El huerto quedaría bien protegido con un guardián tan fiero como Halcón Gris.

EPÍLOGO

Hace muchos años, para los niños nativos de América del Norte, tales destrezas, como cazar o tejer, no eran un juego o un simple pasatiempo. Eran tareas muy importantes que realizaban a diario. Las diferentes tribus tenían que hacer o producir casi todo lo que utilizaban o consumían. Por lo tanto, todo tenía un valor muy significativo.

Los nativos de América apreciaban y cuidaban su medio ambiente, ya que de éste dependía su sustento. Lamentablemente, hay tantas otras cosas en las que nos ocupamos hoy día, que nos olvidamos de atender nuestro mayor tesoro. Aunque el mundo ha cambiado, todavía podemos aprender mucho de la forma de vida de los nativos de América.

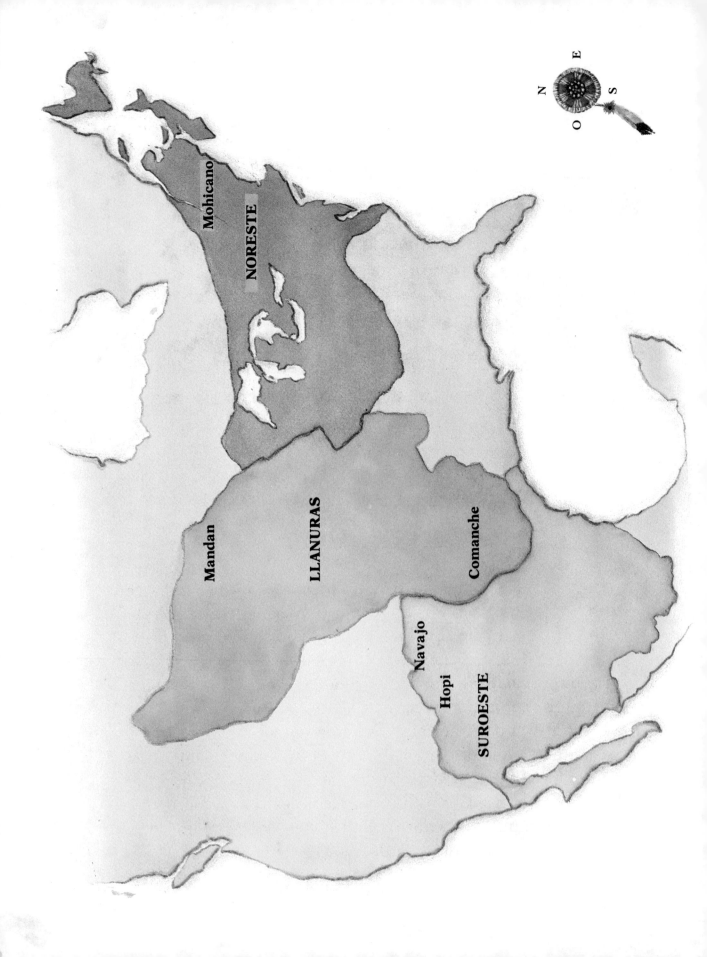

Glosario

Pueblo hopi

Los **hopis** fueron gente pacífica que vivían en el Suroeste. Algunos de sus pueblos tenían más de mil años. Lograron mantenerse independientes de otras tribus y del contacto con los europeos.

Tipi de los comanches

Los **comanches** fueron una de las tribus más temibles de las llanuras. Excelentes jinetes, lucharon con todas las tribus que encontraron a su paso.

Wigwam de los mohicanos

Los **mohicanos** formaron parte de la familia de los Algonquinos, cuyas tribus estaban esparcidas por todo el Noreste. Sus viviendas, en los bosques de los Adirondacks, cambiaban de acuerdo a las estaciones.

Hogan de los navajos

Los **navajos** constituyeron la población más numerosa de las tribus de América del Norte. En el siglo XVIII se trasladaron al Suroeste y adoptaron muchas de las formas artísticas de los hopis.

Cabaña de los mandan

Los **mandan** fueron de las pocas tribus de las llanuras que permanecieron en un mismo lugar. En vez de ir a la caza del búfalo, se dedicaron a la agricultura.